Fun-Olympics

Sport- und Spaßspiele für alle

Almuth Bartl

Verlag an der Ruhr

Impressum

Titel: Fun-Olympics
Sport- und Spaßspiele für alle

Autorin: Almuth Bartl

Illustrationen: Dorothee Wolters

Druck: L.E.G.O. S.p.A., Vicenza, Italien

Verlag: Verlag an der Ruhr
Postfach 102251, 45422 Mülheim an der Ruhr
Alexanderstraße 54, 45472 Mülheim an der Ruhr
Tel. 02 08 – 439 54 54 Fax: 02 08 – 439 54 39
e-mail: info@verlagruhr.de
http://www.verlagruhr.de

ISBN 3-86072-445-2

*Die Schreibweise der Texte folgt
der reformierten Rechtschreibung.*

Gedruckt auf chlorfrei gebleichtem Papier.

Inhalt

Der olympische Rahmen

Die olympischen Spiele

Spiele für einzelne SportlerInnen

Spiele für die man mehr Platz braucht

Spiele für Mannschaften

Spiele für die man mehr Platz braucht

Thematische Olympiaden

Spieleretter bei schlechtem Wetter

Vorbereitung der Olympiade

Zu diesem großen Sportwettbewerb braucht man natürlich auch ein paar stilechte Ausstattungsgegenstände.

Der Lorbeerkranz

Die Olympiasieger können nach alter griechischer Art mit Lorbeerkränzen belohnt werden. Statt der Lorbeerblätter werden ganz normale Blätter genommen, die man mit winzigen Stöckchen, Fichten- oder Lärchennadeln zusammensteckt.

Die Medaillen

Heute werden die Olympiasieger mit Medaillen aus Gold, Silber oder Bronze geehrt. Diese kann man leicht selber basteln, wenn man folgendes Material hat:

- runde Bierdeckel
- goldene, silberne, kupferfarbene Metallfolie oder Buntpapier
- Geschenkband
- Klebstoff und Schere

Die Bierdeckel werden mit der Metallfolie beklebt. Für jede Medaille schneidet man ein Geschenkband von etwa 60 cm Länge zurecht und klebt die Enden über Kreuz auf der Medaillenrückseite fest.

Wer will, kann auf die Vorderseite der Medaille ein zusammengerolltes Zettelchen kleben, auf dem der Sieger noch eine besondere Überraschung findet:

Die übrigen Spieler werden dich eine Ehrenrunde um das Olympiagelände tragen.

Du darfst dich auf einen der Logenplätze setzen und beim nächsten Wettbewerb als Ehrengast zuschauen.

Alle Sportler singen dir zu Ehren ein Lied. Du darfst aussuchen, welches!

Gutschein für ein Olympiafoto

Wähle fünf Spieler aus, die dir einen Witz erzählen sollen.

Du darfst die nächste olympische Disziplin aussuchen, in der alle Sportler antreten werden.

Tipp:

Sollte an Ihrem Wohnort zufällig ein berühmter Sportler wohnen, so bitten Sie ihn/sie um eine Gratis-Trainings-Viertelstunde in seiner/ihrer Sportart!
Einen solchen Gutschein zu gewinnen ist das Allertollste, was einem sportbegeisterten Menschen passieren kann.
Zumindest könnte man dem Sport-Ass vielleicht ein paar Autogramme abluchsen und diese dann als Preise verteilen.

Die olympische Fahne

Gebraucht wird:

- ein altes Bettlaken
- zwei Stöcke oder eine Wäscheleine
- Reißnägel oder Wäscheklammern
- Wachsmalkreiden
- Kuchenteller

Die olympischen Ringe in den Farben Grün, Blau, Rot, Gelb, Schwarz werden am besten mit Wachsmalkreiden auf das Tuch gemalt.

Damit die Kreise gleichmäßig groß werden, legt man einen Kuchenteller mit glattem Rand auf das Tuch und malt mit den Stiften drum herum.

Die Fahne wird entweder mit Reißnägeln an zwei Stöcken befestigt oder mit Wäscheklammern an einer Wäscheleine aufgehängt.

Dekoration

Tipp: Deko-Team

Einer Gruppe, bestehend aus etwa drei Teilnehmern, wird die Verantwortung für die Dekoration übertragen.

Im Eifer des Spiels werden Fähnchen umgeworfen, fallen Girlanden zu Boden, platzen Luftballons und es sieht ziemlich schnell übel aus.

Hierfür schafft das Deko-Team selbstständig Abhilfe. Es ordnet, ergänzt, repariert und ersetzt während des Festes Teile der Dekoration.

Olympische Gesetze

Diese Art olympischer Gesetze ist völlig unnütz, aber dafür sehr lustig. Zu Beginn der Spiele wird bekannt gegeben, dass ...

- ... man dreimal in die Hände klatschen muss, bevor man spricht
  oder
- ... alle Mädchen die Jungen siezen und alle Jungen die Mädchen siezen
  oder
- ... man sich vor der olympischen Fahne verneigt, so oft man an ihr vorbeiläuft
  oder
- ... bestimmte Wörter tabu sind, z.B.: „ja“ und „nein“
  oder
- ...

Klar, dass alle Teilnehmer streng auf die Einhaltung der olympischen Gesetze achten und sofort ein Pfand von demjenigen verlangen, der bei einer Übertretung erwischt wurde.

Der olympische Eid

Bei der Eröffnungsfeier der Olympischen Spiele leistet ein Sportler im Namen aller anderen den olympischen Eid.
Er fasst mit einer Hand die olympische Fahne, hebt die andere Hand zum Schwur und spricht feierlich den folgenden Text:

*„Im Namen aller Teilnehmer
verspreche ich,
dass wir die olympischen
Regeln respektieren
und bewahren werden,
im wahren Sportlergeist
für den Ruhm des Sports
und für die Ehre
unserer Mannschaften."*

Tipp: Spicken erlaubt!

Besuchen Sie so oft es geht die Feste (besonders die Sportfeste) von Schulen und Vereinen. Notieren Sie sich, was auf den Festen besonders geglückt ist bzw. was man tunlichst vermeiden sollte. Hier können Sie auch erfahren, wo man Tische, Bänke Zelte etc. ausleihen kann, welche außergewöhnlichen Talente in den Mitbürgern ihres Ortes schlummern (schwertschluckende Krankenschwester, rollerskatender Bürgermeister, ...), die man als zusätzliche Attraktionen für das geplante Fest gewinnen könnte.

Teilnehmerschwund

Tipp:

Gerade Jugendliche scheinen sich auf großen, unübersichtlichen Festen plötzlich in nichts aufzulösen.
Damit Sie bei der Schlussfeier der Olympischen Spiele nicht nur vor Funktionären und jüngeren Kindern stehen, empfiehlt sich dieser Trick:
Bei der Eröffnungsfeier darf jeder Teilnehmer eine Nummer aus der Lostrommel ziehen und darf einen Blick auf drei erstrebenswerte Preise werfen, z.B. ein Fahrrad (aus der Fundstück-Auktion der Gemeinde), einen Walkman (gesponsert vom örtlichen Hifi-Laden) und einen Gutschein für den einmaligen Transport im rektoren- bzw. trainereigenen Auto von zu Hause in die Schule bzw. zum Training. Bei der Schlussfeier werden dann von Ehrengästen bzw. Supersportlern feierlich drei Nummern gezogen und so die glücklichen Gewinner der Preise ermittelt.

Weitere Preise:

Mitfahrt in einem Polizei- oder Feuerwehrauto, Trainingsstunde beim ortsansässigen Judomeister, Fotoalbum mit Polaroidfotos vom Fest, Freikarte für das Schwimmbad, das Eisstadion, Kino, ...

Olympische Beute

Tipp:

Wie bei den Erwachsenen ist auch bei den Kindern das „Beutemachen“ ein gut entwickelter Trieb.
Diejenigen, die eine Medaille einheimsen können, sind natürlich fein raus und können vor Freunden und zu Hause gebührend angeben.
Aber auch all diejenigen, die sich bemüht haben und trotzdem medaillenlos geblieben sind, brauchen eine Anerkennung, z.B.:

- *eine Urkunde oder eine Goldmünze (mit Innenleben aus Schokolade oder Kaugummi) für fairen Teamgeist, exaktes Schiedsrichtern, präzises Zeitstoppen oder Längenmessen, u.v.a.*
- *ein Polaroid-Foto*
- *einen Teil der Dekoration, z.B. einen Luftballon oder ein Fähnchen mit den olympischen Ringen.*

Souvenir, Souvenir!

Viel zu schnell ist auch dieses Fest wieder vorbei. Damit sich aber alle großen und kleinen Sportler und Funktionäre noch lange an das Fest erinnern, muss man Vorsorge treffen.

1. Zwei Jugendliche oder Eltern werden zu Fotografen ernannt, die während des Festes knipsen, was das Zeug hält. Ein Fotograf allein reicht nicht aus!
2. Fordern Sie die Kinder vor dem Fest auf Souvenirs zu sammeln, die da sind: Programmheftchen, Einladungskarten, Luftballonfetzen, im Eifer des Gefechtes abgerissene Schnürsenkel und Fundstücke aller Art.
3. Stellen Sie zwei Kinder mit der Aufgabe ab, Autogramme zu sammeln. Nicht nur die Unterschriften der Olympiasieger sind gefragt, sondern auch die von prominenten Zuschauern (Landrat, Bürgermeisterin, ...) – siehe auch „Autogramme“.
4. Beauftragen Sie Kinder, Jugendliche, Eltern oder Kollegen Video- und Tonbandaufnahmen (Interviews der Olympiasieger) zu machen!
5. Lassen Sie alle Kinder mit bunten Filzstiften auf der olympischen Fahne unterschreiben und hängen Sie die Fahne zur Erinnerung an das Fest an eine Wand in der Eingangshalle des Jugend- oder Vereinsheims, der Schule etc.!
6. Sammeln Sie nach dem Fest Zeitungsausschnitte der örtlichen Presse, in denen von dem Fest berichtet wird.

Zusammen mit gesammelten Stilblüten heftet man alle Erinnerungsstücke in einem Ordner ab, stellt ihn an einen zentralen Ort und gibt ihn bei feierlichen Anlässen oder Versammlungen frei.

Die Notfall-Telefonliste

Auf ein farbiges Blatt Papier werden in großen Buchstaben und Zahlen die wichtigsten Telefonnummern für Notfälle notiert. Diese Liste hängt neben dem Telefon und muss dort mit Klebestreifen oder Reißnägeln befestigt werden, damit sie nicht davonflattert oder aus Versehen verlegt wird.
Halten Sie die Anzahl der Telefonnummern so gering wie möglich, damit Sie in einem echten Notfall nicht noch lange suchen müssen.
Ganz wichtig sind die Telefonnummern des Notarztes, Krankenhauses, Kinderarztes, Giftnotrufes, Zahnarztes, der Feuerwehr und der Polizei.
Vergewissern Sie sich, dass auch die Telefonnummern der Eltern z.B. im Büro des/der RektorIn bereitliegen.

Extratipp:

Sollte die Kinderolympiade nicht auf dem Vereins- oder Schulgelände stattfinden, sondern z.B. im Wald oder im Schwimmbad, dann nehmen Sie zur Sicherheit ein Handy mit. Sollten Sie selbst keines besitzen, dann leihen Sie sich für den Tag eines von Freunden oder in einem Geschäft aus, das Handys verkauft. Hinterlassen Sie die Handynummer an einer zentralen Stelle z.B. im Büro des/der RektorIn!

Die „Fundbüro“-Kiste

Sehr zweckmäßig auf Sportfesten ist eine Kiste, die als Fundbüro dient.
Alle besitzerlosen Findelmützen, Findelsocken, Haarspangen und Gummibärchen werden in der „Fundbüro“-Kiste aufbewahrt. Wer etwas sucht, schaut am besten gleich mal hier nach, ob der Gegenstand schon eingetroffen ist.
Was sich nach der Schlussfeier immer noch in der Kiste befindet, geht in die Fundstücksammlung des Hausmeisters über.

Der Olympiaball

Ein weißer Bettbezug mit aufgemalten olympischen Ringen wird randvoll mit kleinen aufgeblasenen Luftballons gestopft und sorgfältig zugeknöpft.

- Sportler, die gerade nicht aktiv sind, dürfen sich auf dem Ballonbett ausruhen.
- Spielergruppen dürfen mit dem Olympiaball spielen.
- Besonders erfolgreiche Sportler dürfen sich auf den Olympiaball legen und werden von Sportlerkollegen einmal um den Sportplatz getragen.

Olympische Durstlöscher

Wer viel Sport treibt, muss auch viel trinken! Hier ein paar olympische Durstlöscher, die neben vielen Kästen Mineralwasser und Eistee für die Sportler bereitstehen könnten.

Würfelsaft

Aus verschiedenfarbigen Säften werden im Gefrierschrank jede Menge Eiswürfel hergestellt.
Die Sportler wählen sich ein paar bunte Eiswürfel aus, geben sie in ihre Becher und füllen sie mit Mineralwasser auf.
Ahhh, das löscht den Durst!

Apfelschorle mit Weintrauben

Je ein Teil Apfelsaft wird mit zwei Teilen Mineralwasser gemischt.
Vor dem Servieren gibt man drei große, tiefgefrorene Weintrauben als Eiskugeln in jeden Becher.

Goldmedaillen-Bowle

Fünf Orangen und fünf Zitronen werden in Goldmedaillen-Scheiben zerschnitten und in eine große Schüssel gegeben. Fünf Liter gekühlten Malventee und drei Liter Orangensaft darüber gießen und gekühlt etwa 1 Stunde lang ziehen lassen. Danach die Mischung mit ein wenig flüssigem Honig oder flüssigem Zucker süßen und vor dem Servieren mit Mineralwasser aufgießen.

Lemon-Soda

Zuckersirup mit viel Zitronensaft mischen.
Das Limonaden-Konzentrat etwa zwei Zentimeter hoch in einen Becher gießen und mit Mineralwasser auffüllen.

Das Olympia-Maskottchen

So ein Maskottchen besteht aus möglichst vielen Kindern, die hintereinander in Krabbelstellung auf dem Boden warten, bis ihnen der Spielleiter eine „Haut“ aus Bettlaken oder Wolldecken überstreift. Erst wenn alle Kinder unter der „Haut“ gut versteckt sind und nur noch der Kopf des ersten Kindes herausschaut, setzt sich der Olympiawurm langsam in Bewegung.

Am besten hält sich jedes Kind an den Beinen des jeweiligen Vorkrabblers fest, damit sich das lustige Maskottchen beim Spazierengehen im Olympiagelände nicht in mehrere Teile zerlegt.

Die Autogrammsammlung

Ein kleines Schulheft, das man zuvor mit einem olympischen Schutzumschlag versieht, wird zum Autogrammbüchlein. Alle Olympiasieger werden gebeten in diesem Büchlein zu unterschreiben.

Natürlich wird dazu noch die Sportart des jeweiligen Siegers und seine Bestzeit, Bestweite oder Punktzahl vermerkt, die dem Glücklichen diese olympische Ehre eingetragen haben.

Medaillen-Boccia

Wer vor dem Sportfest zu eifrig gebastelt hat und jetzt noch einige Medaillen übrig hat, lädt einfach zum fröhlichen Medaillen-Boccia ein. Und das geht so:
Eine Goldmedaille wird sanft auf ein kleines Samtkissen gebettet und dieses dann mitten auf einen großen, leeren Platz gelegt (z.B. auf den Hof oder den Sportplatz).
Jedes Kind darf eine Murmel von der Startlinie aus in Richtung Medaille rollen. Wessen Murmel dem Kissen am nächsten liegt, der erhält die begehrte Auszeichnung.

Pausenfüller

Für kleine Verschnaufpausen zwischendurch oder für den Fall, dass einige Teilnehmer für längere Zeit unbeschäftigt sind, eignen sich diese kleinen Pausenfüller:

Das Weckerläuten

Ein kleiner Küchenwecker wird so eingestellt, dass er z.B. nach einer Minute klingelt. Dann steckt man ihn in einen Beutel.
Alle Kinder sitzen im Kreis und geben den Beutel schnell von Spieler zu Spieler weiter. Irgendwann wird der Küchenwecker laut zu rasseln beginnen. Derjenige, der den Beutel gerade in Händen hält, scheidet aus. Der Spielleiter stellt den Wecker erneut und wieder wird der Beutel mit dem gefährlichen Inhalt von Kind zu Kind gereicht.
So wird weitergespielt, bis nur noch drei Spieler als Sieger übrig bleiben.

Turmbau

Welche Gruppe baut aus Pappbechern (Würfelzucker, Getränkedosen, ...) den

- höchsten Olympiaturm bzw.
- den originellsten Olympiaturm?

Kinderolympiade per Post

Manchmal ist es wie verhext. Da hat man sich wochenlang auf die Olympiade gefreut, trainiert und bei der Vorbereitung mitgeholfen und haargenau an diesem besonderen Tag liegt man mit durchtrainierten Muskeln und jeder Menge Windpocken im Bett.
Da kann man nur hoffen, dass irgendjemand Verständnis für den Kranken hat und ein Kinderolympiade-Päckchen schnürt, das dann von einem lieben Sportsfreund an der Haustür abgegeben wird.

So ein olympisches Trostpäckchen könnte folgenden Inhalt haben:
Luftballons, olympische Fähnchen, eine Medaille, ein Polaroidfoto, einen aufblasbaren Ball mit den Unterschriften der Olympiateilnehmer usw.
Wetten, dass sich dieser Windpocken-sportler bis in alle Ewigkeit daran erinnern wird?

Die Schlussfeier

Am Ende der Olympischen Spiele findet natürlich eine Schlussfeier statt. Hier ein paar Vorschläge, wie man diese Feier gestalten könnte.

- Wir spielen „Medaillen-Boccia“ (siehe S. 19).
- Alle aktiven Sportler stellen sich zum Gruppenbild auf und lächeln in die Kameras.
- Besonders erfolgreiche Sportler werden von einem Reporter interviewt. Die Interviews werden „live“ im Stadion übertragen.
- Die Sportler laufen eine Ehrenrunde um den Sportplatz.
- Eine Traube gasgefüllter Luftballons in den olympischen Farben wird mit Adresskärtchen versehen und vom jüngsten Sportler auf die Reise geschickt. Jeder Sportler erhält zu Beginn der Spiele eine vorgedruckte Karte, die er mit seinem Namen und seiner Adresse ausfüllt und anschließend an einen Gasballon bindet.
- Den Initiatoren der Olympiade, allen Helfern und Sponsoren werden von den Kindern Goldmedaillen verliehen.

  Fotografieren nicht vergessen!
- Die erfolgreichsten Sportler werden auf dem „Olympiaball“-Bett (siehe S. 15) durchs Stadion getragen.
- Die Schirmdame bzw. der Schirmherr der Olympiade hält eine 3-Minuten-Rede in der sie/er die Spiele offiziell für beendet erklärt und ggf. die nächsten Olympischen Spiele in Aussicht stellt.
- Zu feierlicher Musik wird das olympische Feuer gelöscht.

Gruppen bilden

Dreier-, Vierer- oder Fünfergruppen gesucht? Ganz einfach! Allen Kindern werden die Augen verbunden. Während Musik vom Kassettenrekorder gespielt wird, bewegen sich die „Blinden“ frei auf dem Spielgelände. Plötzlich aber bricht die Musik ab und der Schiedsrichter ruft zum Beispiel: „Dreiergruppe“!
So schnell wie möglich müssen sich nun drei Blinde zusammenfinden. Und mit diesen Gruppen geht’s dann gleich los zum nächsten Spiel.

Die Mannschafts-Lotterie

Bei manchen Wettbewerben, wie zum Beispiel Fußball, werden zwei gleich große Gruppen benötigt. Aber wer spielt in welcher Gruppe?

Damit es keine Unstimmigkeiten unter den Sportlern gibt, werden die Gruppen folgendermaßen ausgelost:

Je nachdem, wie viele Spieler pro Gruppe antreten werden, reißt man aus zwei verschiedenfarbigen Stoffresten entsprechend viele Streifen.

Die Streifen, die gut 50 cm lang sein sollten, kommen alle zusammen in ein Körbchen und werden gemischt. Jeder Spieler zieht sich dann mit fest geschlossenen Augen ein Bändchen aus dem Korb und bindet es sich gut sichtbar um, zum Beispiel als Stirnband um den Kopf.

Zeitmessung

Natürlich kann man die Zeit mit einer Uhr oder Stoppuhr messen. Viel lustiger aber sind die folgenden Vorschläge. Sie haben außerdem noch den Vorteil, dass „unbeschäftigte“ Teilnehmer auch etwas zu tun bekommen.

- Während eine Gruppe aktiv ist, singen die übrigen Kinder ein Lied. Je nachdem, wie lange man voraussichtlich für die sportliche Aktivität brauchen wird, sucht man auch das passende Lied aus, also eines zwischen „Alle meine Entchen“ und der vertonten Version von „Dornröschen“. Ist das Lied verklungen, ist für die Sportler die Zeit abgelaufen.
- Ein Kind liest die Kochanleitung auf einer Spagettipackung (notfalls auch die von Schokoladenpudding) rückwärts vor.
- Die Sportler haben so viel Zeit für ihre Aktivität, wie die Gegner brauchen um 20-mal eine Sechs zu würfeln oder ebenso oft das Alphabet rückwärts aufzusagen.

Die Aufwärmphase

Klar, dass vor den olympischen Sportwettkämpfen zuerst eine Aufwärmphase die Aktiven in Schwung bringt.
Alle Sportler stellen sich hintereinander auf. Sobald dann der Schiedsrichter pfeift, läuft der erste Sportler los und baut je nach Belieben verschiedene Übungen in seinen Lauf ein, wie z.B. Zickzacklaufen, Purzelbaum, Sprünge, diverse gymnastische Übungen im Stand usw.
Alle anderen Sportler müssen genau die gleichen Übungen nachturnen.
Nach ein paar Minuten pfeift der Schiedsrichter erneut. Das ist das Zeichen, dass der Vorturner sich als Letzter in die Reihe der Sportler einfügt und nun der neue Vordermann die Übungen angibt. So wird weitergelaufen und -geturnt, bis alle Muskeln erwärmt sind und das Turnier beginnen kann.

Erdnuss-Tennis

Geschicklichkeit

Jeder Tennisspieler bekommt eine Fliegenklatsche als Tennisschläger und ein Schüsselchen Erdnüsse (mit Schalen) als Tennisbälle. Die Spieler stehen nebeneinander an der Grundlinie. Etwa fünf Meter entfernt steht pro Spieler ein Sandeimerchen bereit. Dahinein sollen die „Bälle“ geschlagen werden.
Nach einer Spielzeit von drei Minuten werden die Treffer pro Sportler gezählt und so die besten Tennisspieler ermittelt.

Tipp:

Erdnuss-Tennis kann natürlich auch im Doppel gespielt werden! Dazu schlagen immer zwei Spielpartner ihre Bälle in denselben Eimer.

Der Knotenwettbewerb

Geschicklichkeit

Die Sportler sitzen nebeneinander auf Stühlen oder Bänken. Vor jedem liegt auf dem Boden ein Stück Schnur von etwa einem Meter Länge. Sobald der Startpfiff ertönt, sollen die Spieler mit ihren Barfüßen Knoten in ihre Schnüre machen.
Derjenige, dem das zuerst gelingt, ruft „Stopp!“ und hat gewonnen.

Tipp:

Treten jüngere Teilnehmer gegeneinander an, genügt es, wenn sie die Schnüre je nach Vorgabe in Herz-, Fisch- oder einer anderen Form mit den Füßen auslegen.

Rangeln im Ring

Geschicklichkeit/Kraft

Auf dem Hof wird mit Kreide ein Kreis von etwa eineinhalb Metern Durchmesser aufgezeichnet.
Zwei Kinder setzen sich Rücken an Rücken in den Kreis. Dann gibt jemand das Startzeichen und die beiden Kinder versuchen sich gegenseitig aus dem Kreis zu drängeln.

Klar, dass die Zuschauer die beiden Kämpfer kräftig anfeuern!
Waren alle Sportler an der Reihe, rangeln die Sieger so lange gegeneinander weiter, bis nur noch die drei besten als Olympiasieger übrig sind.

Fußball-Solo

Geschicklichkeit/Werfen

Nacheinander setzt sich jeder Sportler barfuß an die Abwurflinie, klemmt einen Tischtennisball zwischen seine Füße und wirft ihn dann so weit wie möglich in die Sandgrube.
Der Landeplatz wird markiert, die Weite von den Linienrichtern gemessen und notiert.

Hochwurf

Geschicklichkeit/Glück

Ein Spieler hält ein Tablett in der Hand, auf dem zehn Kronkorken mit den Zacken nach oben liegen.
Jetzt darf der Spieler die Kronkorken gleichzeitig in die Luft werfen, in der Hoffnung, dass möglichst viele mit den Zacken nach unten wieder auf seinem Tablett landen.
Für jeden Treffer wird ein Punkt notiert und wer am Ende das beste Ergebnis erzielt hat, gewinnt den Wettbewerb.

Variation:

Die Kronkorken können auch eng nebeneinander auf den Boden gelegt werden. Der Sportler wirft in diesem Fall aus etwa drei Meter Entfernung einen Ball auf das Kronkorkennest. Die Korken springen dadurch ebenfalls in die Höhe und sind auch gewillt, sich – je nach Aufprallheftigkeit und Aufprallwinkel – zu drehen.

Der Hinunter-Wurf

Geschicklichkeit

Für diesen Sportwettkampf braucht man eine dicke, alte Plastikflasche mit möglichst weiter Öffnung und pro Spieler drei kleine Steinchen. Damit man beim Spielen die Steinchen auseinander halten kann, ist es nötig, sie zu kennzeichnen. Und dann braucht man noch ein Podest, z.B. einen Tisch, einen Baumstumpf, ein Mäuerchen oder etwas Ähnliches, auf das man sich gefahrlos stellen kann. Der erste Hinunterwerfer steigt also aufs Podest, die Flasche steht vor ihm auf dem Boden. Nun soll er seine Steinchen so fallen lassen, dass sie haargenau in der Flasche landen. Das ist gar nicht so einfach, aber nach einer Proberunde wird die Trefferquote besser. Die geschicktesten Sportler treten zur Endausscheidung so lange gegeneinander an, bis nur noch drei Olympiasieger übrig bleiben.

Frisbee

Geschicklichkeit

Neun Pappröhren, z.B. aus dem Inneren von Küchenrollentüchern, werden wie Kegel in drei Dreierreihen auf den Boden gestellt.
Nacheinander erhält jeder Sportler einen runden Pappteller, den er dann wie eine Frisbeescheibe so geschickt wirft, dass möglichst viele Kegel umfallen.
Auch in dieser Sportart wird natürlich weitergespielt, bis die drei Olympiasieger oder die drei Siegergruppen feststehen.

Speerwerfen

Geschicklichkeit/Werfen

Zum Speerwerfen besorgt sich jeder Sportler zuerst einen Stock von etwa einem Meter Länge, einen Handfeger oder eine Papprolle (z.B. die von Papierhand-

tüchern oder Klarsichtfolie). Er markiert seinen Speer mit seinem persönlichen Geheimzeichen, damit er nicht verwechselt werden kann.

Von einem Ast baumelt ein Drahtring oder ein Hula-Hoop-Reifen, etwa in Schulterhöhe der antretenden Sportler. So einen Drahtring kann man sich ganz leicht aus einem Drahtkleiderbügel selbst zurechtbiegen.

Nun stellen sich die Speerwerfer hintereinander an der Abwurflinie auf, die etwa fünf Meter vom Ring entfernt ist. Der erste Sportler zeigt sein Können. Er holt mit dem Arm Schwung und wirft den Speer durch den Ring. Die Landestelle des Speeres wird vom Schiedsrichter mit einem Stein markiert.

So kommt ein Speerwerfer nach dem anderen an die Reihe. Gewonnen hat den ersten Durchlauf, wessen Speer am weitesten geflogen ist.

Achtung: Speere, die am Ring vorbeizischen, werden nicht gewertet. Aber der jeweilige Speerwerfer bekommt noch einen zweiten Versuch.

Bogenschießen

Geschicklichkeit/Werfen

Für diese etwas schwierigere, aber sehr spannende Sportart braucht man eine Decke, einen großen Ball oder Karton und pro Spieler drei kleine Bälle (z.B. Tennisbälle oder Tischtennisbälle).
Ein Spieler steht schon am Startplatz. Seine Aufgabe besteht darin, den Ball oder den Karton möglichst so zu werfen, dass er einen Bogen beschreibt und etwa 20 Meter weiter auf einer Decke landet. Die Bogenschützen versuchen mit ihren kleinen Bällen den großen Ball oder Karton im Flug zu treffen. Das klingt viel leichter, als es in Wirklichkeit ist. Wer aber ein bisschen übt, hat bald den Bogen raus! Ein Punkt für jeden Treffer. Nach zehn Bogenschüssen werden die Trefferpunkte verglichen und der Sieger ermittelt.

Die Trefferquote liegt weitaus höher, wenn man den großen Karton benutzt, dessen Klappen man mit Klebeband gründlich verschlossen hat. Für längere Turniere empfiehlt es sich auch, sämtliche Kartonkanten mit Klebeband zu verstärken.

Diskuswerfen

Geschicklichkeit/Werfen

Mitten auf die Wiese oder auf den Hof wird ein Garderobenständer gestellt. Dieser Ständer wird das Ziel der Diskuswerfer.

In Ermangelung einer Diskusscheibe schleudern die Sportler nacheinander einen Hut (z.B. den vom Hausmeister) so in Richtung Garderobenständer, dass der Hut daran hängen bleibt. Jeder Teilnehmer hat drei Würfe frei.

Die Treffer werden notiert. Bei Punktegleichstand treten die besten Diskuswerfer so lange gegeneinander an, bis die drei Olympiasieger feststehen.

Tischtennis ohne Tisch

Geschicklichkeit

Wer keine Tischtennisplatte auftreiben kann, zeichnet sie einfach mit Kreide auf eine asphaltierte Fläche.
Eine gespannte Schnur dient als Netzersatz und wer auch keine Tischtennisschläger auftreiben kann, benutzt stattdessen Bücher oder Brettchen.
Auf diese Weise in den „Besitz“ von beliebig vielen Tischtennisplatten gekommen, kann man viele Menschen zu einem fröhlichen Tischtennisturnier einladen.

Hockey

Geschicklichkeit

Mitten auf der Wiese oder auf dem Hof steht ein Stuhl. Die Hockeyspieler versammeln sich etwa 20–30 Meter vom Stuhl entfernt an der Abschusslinie.
Dann erhält der erste Spieler einen kleinen Ball und einen alten Regenschirm, den er umdreht und so als Hockeyschläger benutzt.
Der Ball muss nun von der Abschusslinie aus so abgeschlagen werden, dass er zum Stuhl fliegt oder rollt und genau durch die Stuhlbeine kullert. Wem dieses Meisterstück bei drei Versuchen wenigstens einmal gelingt, der darf auch in der nächsten Runde sein Glück versuchen.

So wird weitergespielt, bis schließlich nur noch die drei Hockey-Olympiasieger übrig sind.

Trampolin springen

Geschicklichkeit

Ein Treteimer und ein Tischtennisball sind die wichtigsten Utensilien für diese neue olympische Disziplin. Der Sportler legt den Tischtennisball auf den Deckel des Treteimers, tritt dann beherzt auf das Öffnungspedal und schleudert damit den Ball möglichst weit nach vorne.

Dort stehen die Schiedsrichter und messen den Weg, den das Bällchen bis zum Aufprall auf den Boden zurückgelegt hat. Jeder Sportler darf dreimal sein Glück probieren.
Es gewinnt, wer mit seinen drei Weiten das höchste Gesamtergebnis erzielt.

Übrigens:

Der schwierigste Teil dieses Sportwettkampfes besteht darin, den Tischtennisball dazu zu bringen, dass er auf dem Deckel des Treteimers liegen bleibt!

Pistolenschießen

Geschicklichkeit/Glück

Zwanzig kleine Pappbecher, ein wasserunlöslicher Stift (z.B. Wachsmalstift), eine Wasserpistole oder eine leere Plastikflasche (z.B. von Spülmittel), ein Tisch, ein Eimer mit Wasser zum Auffüllen der Pistole – das sind die Gegenstände, die man für diesen spannenden Wettbewerb braucht.
Auf den Boden jedes Bechers wird eine beliebige Zahl von 0 bis 10 geschrieben.

Die Becher werden nebeneinander auf den Tisch gestellt. Jeder Schütze hat genau 30 Sekunden Zeit, um möglichst viele Becher abzuschießen. Dann werden die Zahlen, die auf den umgefallenen Bechern stehen, zusammengezählt.
Glück ist also genauso wichtig wie Zielgenauigkeit. Die Goldmedaille erhält natürlich der Schütze mit der höchsten Gesamtpunktzahl.

Vorsichtiger Weitlauf

Geschicklichkeit/Laufen

Bei diesem „vorsichtigen Weitlauf“ treten die Sportler einzeln nacheinander an. Der Erste steht schon an der Startlinie bereit. Vom Schiedsrichter erhält er jetzt ein Fläschchen Seifenblasenlauge und bläst mit einem dicken Plastiktrinkhalm eine Seifenblase. Sofort pustet er sie vorsichtig in Richtung Ziellinie. Erst wenn die Seifenblase platzt, ist der Weitlauf für diesen Sportler zu Ende. Die Stelle wird z.B. mit einem Stein oder einem Fähnchen markiert.

Auf die gleiche Weise versucht nun ein Sportler nach dem anderen sein Glück und die drei Weitläufer, die mit ihren Seifenblasen die größten Strecken zurückgelegt haben, gewinnen den Wettbewerb.

Hochsprung

Springen

Die Athleten stellen sich hintereinander an einer dunklen Wand auf.
Der Erste erhält ein Stückchen weiße Kreide und springt jetzt aus dem Stand so hoch wie möglich. Die höchste Stelle markiert er mit einem Strich.

Diese Kreidestriche an der Wand dienen nach dem Wettbewerb den Schiedsrichtern zur Vergabe der Siegerplätze.

Tipp:

Keine dunkle Wand weit und breit? Dann heftet man einfach einen Bogen Packpapier an die Wand. So sind die Kreidestriche ebenfalls gut zu sehen.

Hammerwerfen

Kraft

Ein starkes Kind stellt sich in die Mitte der Wiese, die Zuschauer halten sich in sicherer Entfernung auf. Ein zweites Kind gibt dem Starken die Hand. Der dreht sich um die eigene Achse und wirbelt das „Hammer“-Kind auf diese Weise immer schneller um sich herum. Irgendwann lässt der „Werfer“ seinen „Hammer“ los. Das Kind saust davon und landet im Gras. Aber schon schnappt sich der starke Sportler den nächsten „Hammer“ und schleudert ihn auf die Wiese.
Klar, dass die „Hammer“-Kinder nicht unbedingt die zartbesaitetsten Kinder sein sollten. Aber Spaß macht ihnen diese spannende „Karussellfahrt“ bestimmt.

Gewichtheben

Kraft

Gewichtheben ist wohl eine der kraftraubendsten olympischen Sportarten, für die man aber in unserer Variation die geringsten Vorbereitungen treffen muss. Alle Gewichtheber stellen sich in einigem Abstand zueinander an einer Linie auf. Jeder Sportler erhält nun ein Exemplar eines Buches (z.B. ein Lesebuch), legt es sich auf die flache Hand und streckt den Arm aus, sobald das Startkommando gegeben wird. Schon nach kurzer Zeit merkt man, wie der Arm müde wird und das Buch immer schwerer. Ein Sportler nach dem anderen wird aufgeben und schließlich werden nur die drei stärksten Gewichtheber übrig bleiben.

Tipp:

Ist für diese Disziplin nur sehr wenig Zeit eingeplant, kann man extradicke, schwere Bücher (z.B. Bände eines Lexikons) einsetzen.

Olympisches Wörterrennen

Konzentration

Auf ein großes Blatt Papier wird das Wort „Olympiade“ in großen Druckbuchstaben geschrieben.

OLYMPIADE

Jeder Spieler erhält einen Zettel und einen Stift und soll jetzt innerhalb der nächsten fünf Minuten aus den Buchstaben des Wortes „OLYMPIADE“ so viele neue Wörter bilden wie möglich, also z.B.: „Dame, Pol, Made, Mai usw.“ Wer die meisten neuen Wörter gefunden hat, wird OLYMPIADE-Sieger.

Das olympische Sportlerdenkmal

Bei diesem Spiel kann man zwar keine Medaillen ergattern, aber Spaß für zwischendurch ist garantiert.
Nacheinander dürfen die Kinder auf ein Podest steigen und dort in einer bestimmten Pose wie versteinert verharren.
Die Pose entspricht jeweils einer Haltung, die für eine Sportart charakteristisch ist. Rudern, Boxen, Tennis, Speerwerfen, Fechten und Kugelstoßen sind Sportarten, die leicht zu erraten sind.

10-Meter-Schnecken-Marathon

Konzentration

Die Rennschnecken stehen nebeneinander an der Startlinie und warten ungeduldig auf das Startzeichen. Dann eilen sie in gemäßigtem Schneckentempo zum zehn Meter entfernten „Schneckenhaus“ (Matte, ...). Es gewinnt derjenige die Schneckengoldmedaille, der für die Strecke möglichst genau eine Minute braucht. Der Schiedsrichter stoppt die Zeit.

Zitronen-Hockey

Geschicklichkeit

Mit Kreppband werden auf dem Boden zwei Rennbahnen von etwa zehn Schritt Länge und einem Fuß Breite markiert. Zwei Hockeyspieler, jeder ausstaffiert mit einem neuartigen aerodynamischen Regenschirmschläger, begeben sich an den Start. Vor ihnen liegt jeweils eine Zitrone, die es nun gilt, mit den Regenschirmgriffen ins Ziel zu treiben. Achtung: Sobald die Zitrone aus der Bahn gerät, muss neu gestartet werden!

Um den allerbesten Hockeyspieler ermitteln zu können, treten die Sieger aus den Zweikämpfen wieder gegeneinander an. So wird weitergespielt, bis nur noch der Olympiasieger im Zitronen-Hockey übrig bleibt.

Tipp:

Anstelle der Zitronen leisten mit Wasser gefüllte Luftballon-„Eier“ auch gute Dienste.

Segelfliegen

Geschicklichkeit

Auf der Wiese oder im Hof wird eine Startlinie markiert. Etwa 30 Schritte entfernt liegt eine Decke auf dem Boden. Zuerst wird der Papierflieger von der Grundlinie aus gestartet. Der Pilot wartet, bis sein Flieger gelandet ist, rennt dann zum Landeplatz und startet ihn von neuem.

Wer seinen Papierflieger mit den wenigsten Starts und Landungen auf den Deckenflugplatz katapultiert, gewinnt den Wettbewerb.

Tennis

Geschicklichkeit

Für dieses Spiel wird ein Hügel benötigt, eine Decke und pro Spieler ein Tennisball. Die Decke liegt ausgebreitet am Fuße des Hügels und wartet auf die Bälle, die von oben den Hügel hinuntergekullert kommen. Derjenige, dessen Ball tatsächlich auf der Decke liegen bleibt, hat gewonnen. Wenn's nicht gleich klappt, kullern sich die Spieler den Hügel hinunter, holen ihre Bälle und starten von neuem. **Achtung:** Vor dem Runterkullern Brille abnehmen und nicht in die Hosentasche stecken!

Sollte es mehreren Spielern gelingen, ihre Bälle auf die Decke zu kullern, so treten diese Sportler in einer Endausscheidung noch einmal gegeneinander an.

Weitwurf

Werfen

Weitwerfen macht natürlich viel mehr Spaß, wenn man die üblichen Bälle durch ungewöhnliche Wurfgeschosse ersetzt: z.B. gebrauchte Teebeutel, Watteballchen, die Gummistiefel des Hausmeisters, riesige Pappkartons, Wasserbomben oder Bumerangs (in der Hoffnung, dass sie nicht allzu weit zurückfliegen).

Vierfüßler

Wettrennen

Wer bei diesem lustigen Vierfüßler-Rennen mitlaufen will, verzaubert sich zuerst in einen Vierfüßler, indem er auch mit den Händen in ein Paar Schuhe schlüpft und sich dann neben seine Vierfüßler-Kameraden an die Startlinie stellt.

So warten alle auf das Startzeichen. Sobald das gegeben wird, heißt es: „Wer legt die Rennstrecke am schnellsten zurück ohne einen Schuh zu verlieren?“

Surfen

Kraft/Geschicklichkeit

Zwischen zwei Bäume (Stangen) wird ein Seil gespannt.
Der erste Surfer stellt sich am Startbaum auf sein Surfbrett (Pappe, Plastiktüte, Backblech oder Skateboard) und wartet voller Spannung auf den Startschuss.
Sobald der ertönt, zieht sich der Sportler mit Muskelkraft am Seil entlang zum Zielbaum.
Klar, dass der Schiedsrichter die Zeit stoppt, die der Surfer zum Zurücklegen der Strecke braucht.

Die Zeiten der Sportler werden notiert und so am Ende die Olympiasieger festgestellt.

Tipp:

Wer es gerne besonders spannend hat, der setzt eine unabhängige Jury ein, die nach jedem Durchgang Haltungsnoten verteilt.

Basketball

Geschicklichkeit

Bei unserem Basketballspiel geht es zwar ein bisschen anders zu als beim normalen Basketball, dafür ist es aber sehr lustig! Als Spielfeld dient die Tischplatte und der Basketball ist ein gewöhnlicher Tischtennisball. Einen Korb gibt es nicht, dafür aber neun Becher (Pappbecher, Schachteln, Tassen ...).
Die Becher werden in drei Reihen zu je drei Stück nebeneinander in der Tischmitte aufgestellt. Damit die Gefäße nicht so leicht umkippen, ist es ratsam, sie mit einigen Kieselsteinchen oder etwas Sand zu beschweren.
Mannschaft A und Mannschaft B begeben sich jeweils an eine Seite des „Spielfeldes“. Nun wird ausgelost, welche Mannschaft den ersten Wurf ausführen darf. Der Spieler wirft den Ball so auf das Spielfeld, dass er einmal aufspringt und dann nach Möglichkeit in einem Becher landet. Gelungen? Dann ist das ein Punkt für die jeweilige Mannschaft.

Landet der Ball aber nicht in einem Becher oder springt wieder heraus, geht die Mannschaft punktlos in die nächste Runde. Zunächst ist jedoch ein Werfer der Gegenmannschaft an der Reihe. Nach zehn Spielrunden sollte die Siegermannschaft eigentlich feststehen. Bei einem „Unentschieden“ wird so lange weitergespielt, bis eine Mannschaft einen Punkt vor der anderen liegt.

Tipp: Multiball

Jedes Ballspiel, egal ob Tischtennis oder Völkerball, wird viel lustiger und spannender, wenn man es mit mehreren Bällen spielt.

Tischtennis

Geschicklichkeit

Zwei gleich große Mannschaften stellen sich an je einer Schmalseite des Tisches auf. Der Schiedsrichter legt fünf Tischtennisbälle nebeneinander genau auf die Mittellinie des Tisches. Als Mittellinie dient ein Streifen Kreppband, der zuvor quer über den Tisch geklebt wurde. Sobald nun der Startpfiff des Schiedsrichters ertönt, versuchen beide Mannschaften alle Bälle in das Spielfeld des Gegners zu pusten.

Der Schiedsrichter steht an der Mittellinie und passt sehr gut auf. Sobald sich alle fünf Bälle – auch nur für eine Sekunde – in einem Feld befinden, pfeift er ab und gibt dem gegnerischen Tischtennisteam einen Punkt. Die Bälle werden wieder auf die Mittellinie gelegt und das Pusten beginnt auf den Startpfiff des Schiedsrichters hin von neuem.
Es gewinnt die Mannschaft, der es gelingt, zwei Punkte vor dem Gegner zu liegen.

Gruppenfußball

Geschicklichkeit

Alle Barfüßler einer Gruppe setzen sich im Kreis nebeneinander auf den Boden.
Ein Spieler klemmt sich einen kleinen Ball zwischen die Füße. Der Schiedsrichter drückt den Startknopf der Stoppuhr und ruft: „Los!".
Sofort gibt der erste Fußballer den Ball an die Barfüße seines linken Nachbarn weiter. So wird der Ball blitzschnell von Spieler zu Spieler weitergereicht, bis er wieder beim ersten Spieler angelangt ist. Der Schiedsrichter notiert die Zeit.
Nacheinander ist jede Fußballergruppe einmal an der Reihe und es gewinnt natürlich die Gruppe, die den Fußball am schnellsten weitergereicht hat.

Achtung:

Fällt der Ball auf den Boden, so wird er von neuem gestartet. Darum also lieber etwas langsamer und konzentrierter spielen!

Die Olympiatürme

Balance

Alle Sportler werden in gleich große Gruppen zu je etwa zehn Kindern eingeteilt. Die Gruppenleiter erhalten jeweils einen Hula-Hoop-Reifen, den sie in großem Abstand zu den anderen auf die Wiese legen.

Die Aufgabe jeder Mannschaft besteht darin, innerhalb der nächsten fünf Minuten einen Plan zu ersinnen, wie man möglichst viele Mannschaftsmitglieder zu einem Turm aufeinander schichtet, dessen Grundfläche nicht größer ist als die Fläche innerhalb des Reifens. Nach Ablauf dieser Zeit werden die „Olympiatürme" von einer neutralen Jury beurteilt. Pro Spieler-„baustein" bekommt die Mannschaft einen Punkt. Und wer will, verteilt noch Extrapunkte für Originalität der Baukunst und/oder Höhe des Turms.

Achtung:

Da die Türme oft an Stabilität zu wünschen übrig lassen, sollten die begeisterten Zuschauer hinter einer Absperrlinie stehen und die Fotografen möglichst schnell ihre Arbeit tun!

Zweikampf

Kooperation

Diese außergewöhnliche Disziplin heißt „Zweikampf“, weil die Sportler in Zweiergruppen antreten und auch, weil zwei olympische Wettkämpfe verknüpft sind: das Gehen und das Werfen.
Die Partnergruppen stehen an der Ziellinie. Jeweils einem Sportler werden die Augen verbunden. Er erhält eine Murmel (Kastanie, Zuckerwürfel, Steinchen, ...), die er nun zu einem an der Ziellinie aufgestellten Eimer transportieren soll. Der sehende Partner dirigiert seinen „blinden“ Kollegen dabei, die Strecke schnell zu überwinden. Steht der „Blinde“ schließlich vor dem Eimer, so ist ihm der Freund auch jetzt durch Zurufe behilflich die Murmel so fallen zu lassen, dass sie auch tatsächlich im Eimer landet.
Es gewinnt die Partnergruppe, die ihre Murmel am schnellsten eingeeimert hat.

Tipp: Augen verbinden

Manche Spiele erfordern es, dass einige Spieler mit verbundenen Augen den Wettbewerb antreten.
Da das Augenverbinden gerade bei großen Spielgruppen viel Zeit raubt und auch nicht jedermanns Sache ist, behilft man sich mit Schlafbrillen, die man auf Langstreckenflügen kostenlos von den Fluggesellschaften bekommen kann. Bitten Sie Eltern, Freunde und Verwandte solche Brillen für die Teilnehmer zu sammeln!

Sackball

Geschicklichkeit/Werfen

Die Sportler treten nacheinander in Teams zu jeweils etwa vier bis fünf Spielern an. Ein Teilnehmer des Teams stellt sich auf einen Stuhl und hält einen leeren, großen Müllsack in den Händen.

Die Teamkollegen stehen etwa drei Meter entfernt nebeneinander an der Grundlinie. Jetzt erhalten die Sportler zehn kleine, aufgeblasene Luftballons, die sie so zu ihrem Freund auf das Podest werfen, dass er sie mit seinem Sack auffangen kann. Sind alle Luftballons abgeschickt worden, ist das Spiel für diese Gruppe vorbei. Vor den kritischen Augen der Zuschauer werden alle Ballons aus dem Sack geholt und gezählt.

So darf jetzt eine Gruppe nach der anderen Sackball spielen und es gewinnt natürlich die Gruppe, die die meisten Treffer gelandet hat.

100-Meter-Sprint

Geschicklichkeit/Kooperation

Zwei Sportler stellen sich dicht nebeneinander auf. Ihre Aufgabe besteht darin, die vor ihnen liegende 100-Meter-Strecke mit gemeinsamem Seilspringen so schnell wie möglich zu bewältigen.
Ein bisschen Üben vor dem Wettbewerb ist erlaubt, denn bei dieser Sportart kommt es weniger auf Schnelligkeit als auf ein Gefühl für den gemeinsamen Rhythmus an.

Tipp:
Selbstverständlich kann die 100-Meter-Strecke, je nach Kondition der Sportler und dem vorhandenen Sportgelände, verkürzt werden.

Achter-Ruderrennen

Kooperation/Laufen

Jeweils acht Spieler stellen sich dicht hintereinander auf und legen ihre Hände auf die Schultern des Vordermannes. Die gesamte Mannschaft stellt sich mit dem Rücken zu einem etwa 50 Meter entfernten Baum (Laterne, Stuhl, Schultasche, ...) auf.

Der Einzige, der in „Fahrtrichtung“ schauen darf, ist der Steuermann. Er ist das neunte Teammitglied und steht vor dem ersten Ruderer. Seine Aufgabe besteht natürlich darin, mit diversen Kommandos das rhythmische Rückwärtsgehen seines Teams zu leiten und dafür zu sorgen, dass die Mannschaft schnell zum Ziel gelangt. Zwei oder drei solcher Mannschaften starten gleichzeitig und „rudern“ um die Wette. Die Siegermannschaften treten danach gegeneinander an.

So wird weitergerudert, bis die schnellsten drei Rudermannschaften ermittelt sind.

Der 100-Meter-Rückwärtslauf

Kooperation

Alle Sportler, die sich zu diesem spannenden Wettbewerb zusammenfinden, bilden zuerst Partnergruppen und legen einen geheimen Partnerruf oder -pfiff fest.
Jetzt trennen sich die Paare und die eine Läufergruppe wird an die Grundlinie A geführt, wo sie sich nebeneinander, jedoch mit dem Rücken zur Grundrichtung B aufstellen. Die übrigen Spieler stellen sich mit dem Rücken zur Grundlinie A an der Linie B auf. Zwischen den Linien sollte ein Abstand von 100 Metern liegen. Wenn jetzt der Schiedsrichter den Start freigibt, laufen alle Kinder rückwärts in die Richtung, in der sie ihre Partner vermuten. Das Paar, das sich zuerst Rücken an Rücken gefunden hat, gewinnt den Wettbewerb.
Die geheimen Partnerrufe helfen den Kindern dabei, ihre „besseren Hälften" zu finden.
Umschauen ist natürlich streng verboten!

Trabrennen

Kooperation/Balance

Immer drei Sportler bilden eine Reitgruppe. Die beiden stärksten Kinder knien sich als Pferde auf allen vieren dicht nebeneinander an die Startlinie.
Der dritte Sportler, der Reiter, klettert vorsichtig von hinten auf das Gespann und kniet sich mit jeweils einem Bein auf ein Pferd.
Achtung, nicht zu weit vorne auf den Rücken knien! Das tut den Pferden weh und sie können nicht mehr so schnell laufen.
Sind alle Reitgruppen startklar?

Dann heißt es: „Achtung, fertig, los!"
Die Pferde preschen vorwärts, legen sich in die Kurve, umrunden den Apfelbaum und traben zurück zur Grundlinie.
Ein kräftiger Applaus für das Siegergespann!
Aber halt! Fällt ein Reiter während des Rennens von seinem Pferd, muss das Gespann von neuem starten!

Monster-Volleyball

Kooperation

Ein kleines Volleyballfeld, etwa die Hälfte eines normalen Feldes, wird mit Fähnchen abgesteckt. Genau in der Mitte des Feldes wird eine Leine, etwa 1,50 Meter über dem Boden, gespannt.
Je drei Kinder stellen sich nebeneinander. Der Schiedsrichter bindet nun die Arme der Spieler zusammen, sodass ein vierhändiges Volleyball-Monster entsteht. Dann wird ein Luftballon eingeworfen, der über die Schnur von Mannschaft zu Mannschaft gespielt werden soll, ohne dass er den Boden berührt. Passiert das doch, ist das ein Minuspunkt für die Mannschaft, in deren Feld der Ballon aufgekommen ist.
Landet der Ballon außerhalb des Feldes, bekommt das Team einen Minuspunkt, das den Ballon dorthin befördert hat. Verlierer ist das Monsterteam, das zuerst den fünften Minuspunkt erhält. Klar, dass die Siegerteams aus den Vorrunden noch einmal gegeneinander antreten, um die drei besten Volleyball-Mannschaften zu ermitteln.

Tipp:

Treten sehr viele Kinder in dieser Disziplin an, kann man natürlich auch vier oder gar fünf Kinder zu einem Volleyball-Monster zusammenschnüren.

Sommer-Rodeln

Wettrennen

An der Startlinie stehen die zwei Rodelteams bereit, umringt von Kameramännern und Reportern.
Die Rodler nehmen auf ihren Decken Platz. Gleich wird das Startzeichen ertönen und dann heißt es, sich gut auf seinem Deckenschlitten festzuhalten, denn die Fahrt wird höllisch schnell.
Immer zwei Teammitglieder greifen sich von einem Deckenschlitten jeweils einen Deckenzipfel – und los geht's!
Die Schlittenzieher legen sich ins Zeug und rasen die Rennstrecke entlang, einmal um den Apfelbaum herum und sofort wieder zurück zum Ausgangspunkt. Nur noch wenige Meter! Die Rodler krallen sich mit aller Kraft auf ihren Schlitten fest, denn sie wissen: Wer vom Schlitten fällt, wird disqualifiziert!
Aber da hat der Schlitten vom Team A die Ziellinie passiert. Bravo, bravo!
Die Sieger strahlen im Blitzlichtgewitter der Fotoreporter! Der Stadionsprecher hat Mühe sich Gehör zu verschaffen – Weltrekord im Deckenrodeln!

Krankentransport

Wettrennen

Klar, dass bei unseren olympischen Spielen auch für den Abtransport Kranker oder müder Wettbewerbsteilnehmer gesorgt ist. Drei starke Kinder knien sich eng nebeneinander auf den Boden und stützen sich auf ihre Hände. Der „Kranke“ legt sich quer auf die Rücken der drei gesunden Kollegen. Langsam setzt sich das Gefährt in Bewegung. Das macht Spaß und ist natürlich umso spannender, je schneller sich der Transporter bewegt.

Selbstverständlich kann man auch aus dem „Krankentransport“ ein lustiges Wettspiel machen. Etwa fünf solcher beladener Transporter stellen sich an die Startlinie und sollen ihren „Verletzten“ möglichst schnell ins Zielkrankenhaus transportieren.

Während der „Fahrt“ herabgefallene „Verletzte“ erzwingen einen Neustart des Transporters von der Startlinie aus.

Das Pferderennen

Wettrennen

Die Sportler bilden zuerst Dreiergruppen. Dann legt jede Gruppe für sich fest, welche beiden Kinder die Pferde sein sollen und wer den Reiter darstellt. Der Reiter bekommt einen Besenstiel (Stange, Ast), den er quer in den Händen hält. Die beiden Pferde stützen sich mit ihren Händen am Boden ab und legen ihre Füße über die Stange. So stehen alle Gespanne an der Startlinie und warten sehnsüchtig auf den Startpfiff, denn allein diese Haltung ist schon ziemlich anstrengend. Dann aber heißt es, in gestrecktem Galopp möglichst schnell zur Ziellinie zu gelangen. Die Ziellinie ist nicht weiter als 50 Meter entfernt – jüngere Pferde legen nur 30 Meter zurück.

Die Füße der Pferde dürfen auf der ganzen Strecke den Boden nicht berühren! Das Gefährt, das zuerst die Ziellinie überschreitet, wird Olympiasieger.

100-Meter-Staffellauf

Stafette

Die Sportler werden in zwei bis fünf gleich starke Gruppen eingeteilt. Jeder Gruppe sollten etwa sechs bis acht Kinder angehören.
Die Gruppen stellen sich in Riegen auf, etwa 50 Meter von einer Wendemarke (Baum, Laterne, Schulranzen, ...) entfernt.
Der Schiedsrichter lässt jede Riege durchzählen, sodass jedes Kind eine feste Nummer erhält und die gleiche Nummer so oft vorkommt, wie Gruppen teilnehmen.
Also, bei vier Gruppen zu je sechs Kindern hat man viermal die Nummer 1, viermal die Nummer 2, ...

Hat sich jeder seine Nummer eingeprägt, gibt der Schiedsrichter das Startkommando, indem er eine der Nummern aufruft, z.B. „Nummer fünf!“ Alle Kinder, die diese Nummer tragen, laufen nun gleichzeitig, so schnell sie können, zur Wendemarke und zurück zu ihrer Gruppe. Die Gruppe, deren Läufer zuerst zurückgekehrt ist, erhält einen Punkt.
Nach ca. 20 Laufrunden ist das Spiel vorbei und es wird der Gruppe mit den meisten Punkten zum Olympiasieg gratuliert.

Staffellauf mit Luftballon

Stafette

Bei diesem Wettspiel gehen zwei Läuferteams gleichzeitig an den Start. Das jeweils erste Kind jeder Gruppe bekommt einen Pappteller, auf dem ein aufgeblasener Luftballon liegt. Sobald das Startzeichen ertönt, laufen die kleinen Sportler, so schnell es der Ballon zulässt, zu einem vorher festgelegten Punkt (Baum, Laterne), umrunden ihn und kehren eiligen Schrittes zum Start zurück. Dort übergeben sie ihre Luftballonteller dem nächsten Läufer ihrer Staffel.

Natürlich darf der Ballon weder mit den Händen noch mit dem Kopf festgehalten werden! Also: Eile mit Weile! Denn wenn der Ballon vom Teller schwebt, muss von der Grundlinie aus neu gestartet werden!

Staffel-(Holz-)Lauf

Stafette

Die Kinder werden in gleich große Staffeln eingeteilt, der vorderste Sportler erhält jeweils ein Staffelholz.
Dieses Holz klemmt man sich nun zwischen den Fußgelenken ein und watschelt, hüpft oder krabbelt so schnell wie möglich zum Wendemal und bringt das Stöckchen wohlbehalten zu seiner Gruppe zurück, wo man es dem nächsten Sportler übergibt. Die Staffel, deren letzter Spieler zuerst wieder bei seinen Teamkollegen ankommt, gewinnt.

Der Marathonlauf

Stafette

Die Rennläufer stellen sich nebeneinander an der Startlinie auf. Etwa 20 Schritte von der Startlinie entfernt wird ein Stock in die Erde gesteckt und mit bunten Luftballons geschmückt.
Der Läufer mit der besten Kondition geht in Startposition und auf „Achtung, fertig, los!“ spurtet er los.
Er braust einmal um den Stock herum und kommt auch schon wieder zurück. Er schüttelt einem beliebigen Mitspieler höflich die Hand. Der hakt sich beim Läufer ein und gemeinsam rennen die beiden zum Stock und zurück. Nun schüttelt der zweite Läufer einem weiteren Sportler die Hand, der fügt sich als dritter in die Rennläufergruppe ein und schon sausen sie zu dritt los.
So wird weitergelaufen, bis alle Spieler eine lange Kette bilden und gemeinsam die Marathonstrecke bewältigen. Ganz klar, dass die Schlange beim Laufen nicht auseinander reißen darf!

Medaillen gibt es bei diesem Marathonlauf zwar nicht zu gewinnen, aber ein Riesenapplaus der Zuschauer belohnt die Läufer im Ziel.

Paarlauf

Stafette

Die Spieler werden in vier gleich große Teams eingeteilt und stellen sich hintereinander an der Startlinie auf. Der Erste fordert den Zweiten höflich auf, mit ihm zu laufen, hakt ihn unter und das Paar läuft zu einem etwa 20 Meter entfernten Mal (Baum, ...). Dort bleibt der erste Spieler stehen, der zweite läuft zurück und fordert den dritten zum Paarlauf auf.

So wird weitergelaufen, bis die ganze Mannschaft am Mal versammelt ist. Es gewinnt das Team, das zuerst dort vollzählig versammelt ist.

Gehen

Bei dieser olympischen Disziplin geht es streng zu! Die Sportler dürfen während des Spiels nur gehen.
Wer läuft, scheidet aus!
Die Sportler bilden zwei Gruppen: Team A und Team B. Diese Teams stellen sich im Abstand von etwa einer Armlänge einander gegenüber an der Mittellinie auf.
Gut 20 Meter von der Mittellinie entfernt wird mit Kreide für jede Mannschaft ein Kreis mit ca. 2 m Durchmesser als „Nest“ auf den Boden gemalt. Wird auf einer Wiese gespielt, markiert man die beiden Gruppennester mit Fähnchen, Taschen oder Kleidungsstücken.

Der Spielleiter steht an der Mittellinie und hat die Kärtchen A und B in der Hand. Er vertauscht nun die Kärtchen hinter seinem Rücken und hebt dann eines hoch, zum Beispiel A.
Das bedeutet, dass alle Spieler von Team A die Fänger sind und die Sportler des B-Teams jagen müssen. Die B-Spieler jedoch drehen sich blitzschnell um und gehen eiligen Schrittes in ihr Nest.
Dort sind sie nämlich vor den Fängern sicher. Wer abgeschlagen wird, bevor er es erreicht, scheidet aus. Es verliert das Team, das zuerst nur noch aus drei Spielern besteht.

Fünfkampf

Springen/Kooperation

Immer fünf Kinder spielen in einer Gruppe zusammen. Dazu steigt jeder in einen großen Müllsack. Der Müllsack wird mit einem Stück Schnur als Gürtelersatz am Sportler befestigt. Alle fünf Sackhüpfer stellen sich nebeneinander und jeder Sportler reicht den Gruppenfreunden, die links und rechts neben ihm stehen, die Hände.

Zur Durchführung des Wettbewerbs gibt es zwei Möglichkeiten:

1. Jedes Fünfkampf-Team hüpft von der Startlinie zur Ziellinie. Die Zeit, die jedes Team dafür benötigt, wird notiert und es gewinnt schließlich das schnellste Team.
   Lustiger, aber auch aufwändiger ist die zweite Möglichkeit.
2. Alle Fünfkampf-Teams stellen sich an der Startlinie auf und hüpfen um die Wette zum Ziel. Wer dort zuerst (komplett!) ankommt, gewinnt den Wettkampf.

Weitsprung

Springen

Die Sportler bilden gleich große Gruppen. Der erste Spieler von Gruppe A läuft los und springt von einer Absprunglinie aus so weit er kann. Der zweite Spieler seiner Gruppe läuft bis zum Landeplatz des ersten Sportlers und springt von hier aus. So wird weitergesprungen, bis auch der letzte Spieler von Gruppe A an der Reihe war. Jetzt wird zuerst die Gesamtstrecke gemessen, bevor dann die Sportler der zweiten Gruppe ihr Können unter Beweis stellen.

Die Siegergruppe im Weitspringen wird mit olympischem Gold geehrt.

Fußball ferngesteuert

Kooperation

Bei diesem Fußballspiel gibt es für Aktive und Zuschauer viel zu lachen.
Jedes Team wählt einen Mannschaftsführer, der außerhalb des Spielfeldes seine Sportler fernsteuert.
Zuerst werden die Spieler gleichmäßig im Spielfeld verteilt. Nach dem Anpfiff darf immer nur derjenige laufen, dessen Name der Kapitän ruft. Alle anderen bleiben wie versteinert stehen.
Der Kapitän muss also immer blitzschnell den Namen desjenigen rufen, der den Ball weiterspielen soll.
Die beiden Torwarte dürfen sich selbstständig bewegen, müssen aber stets innerhalb des Torbereichs bleiben.

Tipp: Quatschball

Das traditionelle Fußballspiel: „Betreuer gegen Teilnehmer“ oder „Lehrer gegen Schüler“ wird sehr viel lustiger, wenn man den gewohnten Lederball durch einen Tennisball, einen Medizinball oder einen aufgeblasenen Wasserball ersetzt!

Kleine Fahrrad-Olympiade

Das Schneckenrennen

Die Radfahrer warten an der Startlinie auf den Startschuss. Sobald der ertönt, schwingen sich die Sportler auf ihre Räder und sausen so langsam wie möglich zum Ziel. Wer die Ziellinie als Letzter überquert, gewinnt das Rennen.

Tipp:

Damit beim Aufsteigen auf die Räder nicht geschummelt wird, gibt es folgenden Trick. Jeder Fahrer besteigt vor dem Startschuss sein Rad und wird von einem Helfer im Gleichgewicht gehalten. Ertönt der Startschuss, ziehen sich die Helfer sofort zurück.

Gepäckträgerrennen

Hierfür können nur solche Fahrräder benutzt werden, die über Gepäckträger verfügen. Die Fahrer setzen sich auf die Gepäckträger und düsen so zum Ziel. Der Schnellste gewinnt das Rennen.

Kleine Fahrrad-Olympiade

Fahrrad-Slalom

Mit Sporttaschen, Kleidungsstücken oder anderen Gegenständen wird eine Slalomstrecke markiert. Damit die Hindernisse auch nicht zu eng gesteckt sind, dürfen die Slalomfahrer den Parcours einmal probeweise durchfahren.

Doch dann wird's ernst! Nacheinander ist jeder Slalomfahrer an der Reihe, unter den Anfeuerungsrufen der Zuschauer die Slalomstrecke möglichst schnell zu durchfahren.

Ein Schiedsrichter stoppt die Zeit, ein Linienrichter achtet darauf, dass die Hindernisse nicht platt gewalzt werden. Die drei schnellsten Slalomfahrer werden mit olympischen Ehren gefeiert.

Fahrrad-Schieben

Mit Kreide wird auf einer asphaltierten Fläche ein Kreis von ca. zwei Metern Durchmesser markiert.

Die Sportler stehen mit verbundenen Augen etwa 30 bis 50 Meter vom Kreis entfernt an einer Startlinie. Nacheinander darf nun jeder sein Gefährt in den Zielkreis schieben. Meint der Sportler genau im Kreis zu stehen, gibt er ein Zeichen. Die Linienrichter markieren den Standort mit Kreide auf dem Asphalt. Nachdem alle Schiebe-Sportler an der Reihe waren, wird der Sieger bekannt gegeben. Es ist natürlich derjenige, dessen Rad am besten im Zielkreis „eingeparkt“ wurde.

Tipp:

Farbkreiden sind eine gute Hilfe, um die Markierungen auseinander halten zu können!

Kleine Fahrrad-Olympiade

Achter

Auf einer asphaltierten Fläche wird eine sehr große Acht in ca. 20 cm breiter Doppelspur aufgezeichnet. Unter den strengen Augen der Jury (die Damen und Herren haben auf der Tribüne Platz genommen), fährt nun jeder Teilnehmer mit größtmöglicher Eleganz und Anmut den Achter nach.

Die Juroren halten nach dem Durchgang Schilder mit Punkten zwischen Eins und Sechs hoch. Hierbei gilt, im Gegensatz zum Schulunterricht, die Eins als schlechteste und die Sechs als beste Note.

Die Punkte werden notiert und ein ausgewählter Teilnehmer berechnet das arithmetische Mittel.

Die Endnoten entscheiden über die Platzverteilung auf dem Siegerpodest.

Das Fahrrad-wiedererkennungsspiel

Diesmal handelt es sich nicht um eine neue olympische Disziplin, sondern um ein lustiges Spielchen für zwischendurch. Etwa 10–20 Fahrräder werden nebeneinander gestellt. Drei Fahrradbesitzern werden die Augen verbunden. Sie sollen nun durch Tasten ihre geliebten Gefährte erkennen.

Wer sein Fahrrad als Erster wieder gefunden hat, gewinnt.

Winter-Olympiade

Der Staffelwurf

Vor dem eigentlichen Sportwettbewerb bauen die Teilnehmer gemeinsam einen Schneemann und setzen dem Burschen einen Hut oder ersatzweise einen Eimer auf den Kopf.
Zwei gleich große Gruppen stellen sich in Riegen nebeneinander an die Abwurflinie. Der erste Werfer von Gruppe A versucht nun mit einem Schneeball den Hut vom Kopf des Schneemannes zu werfen. Gelingt ihm das nicht, stellt er sich als Letzter hinter die anderen Kinder seiner Gruppe und der vorderste Werfer von Gruppe B versucht sein Glück. Wird der Hut abgeworfen, so notiert der Schiedsrichter einen Punkt für die jeweilige Gruppe.
Es gewinnt, wenn alle Teilnehmer einmal an der Reihe waren, die Gruppe, die den Schneemannhut am häufigsten abgeworfen hat.
Gelingt es im ersten Durchgang keinem Kind, den Hut zu treffen, wird so lange abwechselnd weitergeworfen, bis es schließlich doch einem Werfer glückt. Dann hat diese Gruppe automatisch gewonnen.

Einer-Bob

Alle Bobfahrer sitzen auf ihren Pappuntersätzen (oder Plastiktüten) nebeneinander an der Startlinie. Etwa 30–50 Meter entfernt wurde eine Ziellinie mit Wasserfarbe in den Schnee gemalt. Hinter der Ziellinie warten die Zuschauer und Reporter auf den Einlauf bzw. den Einrutsch der Sportler. Die Bobfahrer müssen stets auf ihrer Unterlage sitzen bleiben und dürfen sich nur mittels Fuß- und Handantrieb vorwärts bewegen.
Applaus für die drei schnellsten Sportler.

Winter-Olympiade

Die Pistenraupen

Gut verpackte Pistenraupen-Kinder legen sich oben auf einem Hügel in den Schnee und warten auf das Startkommando.
Dann rollen die Raupen im schnellstmöglichen Tempo den Hügel hinunter zur Ziellinie.
Wer die Ziellinie zuerst überrollt, wird Olympiasieger!

Tipp:

Kinder, die gerade nicht sportlich aktiv sind, können so beschäftigt werden:

- *Mit den Füßen werden die olympischen Ringe in den Schnee gestampft.*
- *Alle Kinder bauen zusammen an einer Riesen-Schneeskulptur, z.B.: dem Olympia-Maskottchen.*
- *Mit gefärbtem Wasser (Lebensmittelfarben oder Wasserfarben) werden Bilder in den Schnee gespritzt.*

Ringen

Ein aufgeblasener Schwimmreifen wird als „Ring“ auf den Boden gelegt.
Jeder Spieler darf sich schnell drei Schneebälle formen und sie aus einer Entfernung von ca. 10–20 Meter nacheinander so werfen, dass sie möglichst innerhalb des Ringes landen. Die Treffer werden notiert und die drei besten „Ringer“ treten in einem Ausscheidungskampf noch einmal gegeneinander an, um ihre Position auf dem olympischen Siegertreppchen festzulegen.

Wasser-Olympiade

Wasserball

In einem mit Wasser gefüllten Kinderplantschbecken schwimmen etwa 40 Tischtennisbälle. Immer zwei Sportlergruppen zu je drei Kindern treten gegeneinander an. Die sechs Kinder verteilen sich um das Plantschbecken. Jeder erhält einen dicken Plastiktrinkhalm. Bevor der Start freigegeben wird, sorgt der Schiedsrichter für starken Wellengang im Becken und für die gleichmäßige Verteilung der Bälle auf der Wasseroberfläche. Dann versuchen die Wasserballer so schnell wie möglich die Bälle mit ihren Halmen anzusaugen, sie so aus dem Wasser zu heben und ohne Zuhilfenahme der Hände die Bälle in ihren Gruppeneimer zu transportieren.
Ist das Becken schließlich von Bällen befreit, zählen beide Gruppen nach, wie viele Bälle sie erbeutet haben. Die Ergebnisse werden notiert.
Auf die gleiche Weise spielen jetzt die anderen Gruppen gegeneinander. Wasserball-Olympia-Sieger wird natürlich die Gruppe, die die meisten Bälle aus dem Wasser gesaugt hat.

Wasser-Olympiade

Wasserwettlauf

Wettläufe sind anstrengend. Ein Wettlauf im Wasser ist noch viel anstrengender, aber auch bestimmt die lustigste Form dieser Sportart.

Durchgeführt wird das Rennen im Nichtschwimmerbecken des Hallen- oder Freibades.

Je nach Größe können drei bis zehn Kinder gleichzeitig um die Wette laufen. Die schnellsten drei Läufer qualifizieren sich für die nächste Runde. So wird weitergelaufen und weitergelacht, bis schließlich die Olympiasieger feststehen.

Wasser-Fußball

Ein fröhliches Fußballspiel im Nichtschwimmerbecken wird möglich, wenn man in einen alten Plastikball ein Loch sticht, den Ball mit Wasser füllt und ihn dann im Becken versenkt. Als Tor gilt, wenn der Ball eine Beckenwand (Breitseite) berührt. Zur Unterscheidung der Spieler verteilt man vor dem Anpfiff Badehauben oder Stirnbänder in zwei verschiedenen Farben.

Wasser-Olympiade

Segeln

Vor dem olympischen Segelwettbewerb erhält jeder Kapitän ein Blatt Papier und faltet sich daraus nach dieser Anleitung ein Segelboot.

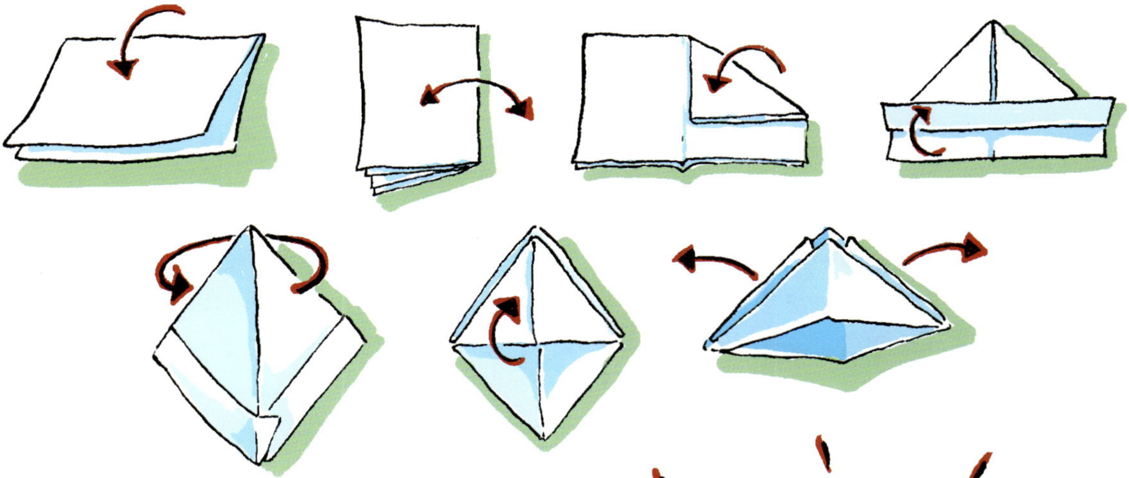

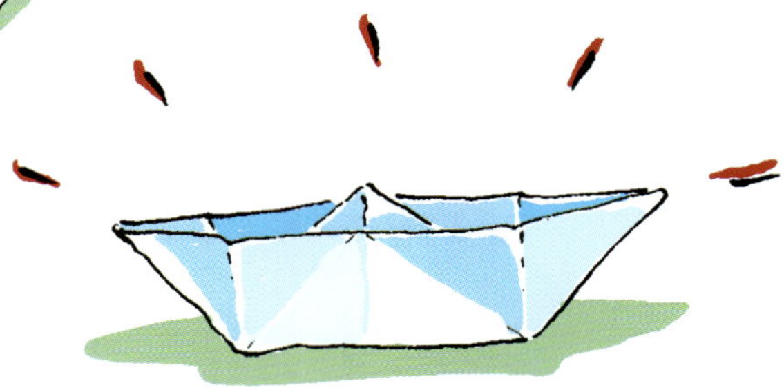

Wer will, kann sein Boot noch bemalen, beschriften oder mit Stickern und Fähnchen dekorieren.
Dann aber wird's spannend.
Jeder Segler stellt sein Boot an die Startlinie und wartet auf den Startschuss.
Sobald der ertönt, gehen die Kapitäne in die Knie und pusten ihre Boote so schnell es geht zur Ziellinie.

Tipp:

Anstelle des (anstrengenden und nicht ungefährlichen) Pustens kann man den Seglern auch erlauben ihre Boote mit einem Stück Pappe zur Ziellinie zu fächeln oder sie mithilfe von Fahrradluftpumpen zur Ziellinie zu treiben.

Wasser-Olympiade

Wasser-Tennis

Jeder Sportler erhält einen zu drei Vierteln mit Wasser gefüllten Pappbecher, auf dessen Wasseroberfläche ein Tischtennisball schwimmt.

Die Aufgabe der Sportler besteht darin, ihre Bällchen möglichst schnell aus den Bechern zu blasen.

Partner-Schwimmen

Immer zwei Sportler schwimmen nebeneinander und halten sich dabei an den zugewandten Händen fest. Wer also jetzt links schwimmt, paddelt mit dem linken Arm, der rechte Partner paddelt mit seinem rechten Arm. So schwimmen – je nach Beckengröße – etwa fünf Paare um die Wette. Die jeweils schnellsten Paare treten in der Endausscheidung noch einmal gegeneinander an.

Geht alles mit rechten Dingen zu, versammeln sich dann bei der Siegerehrung Schwimmerpaare auf dem Siegerpodest.

Rätsel-Olympiade

Das Klapper-, Klirr- und Knisterspiel

Auf einem Tablett liegen etwa 20 Gegenstände, die, wirft man sie auf ein Backblech, ein besonderes Geräusch abgeben, z.B. eine Schachtel mit einigen Streichhölzern, ein Schlüsselbund, ein Plastikbecher, ein Buch, eine Büroklammer, ...
Alle Teilnehmer dürfen die Gegenstände zuerst genau betrachten. Dann setzt sich der erste Rater mit dem Rücken zum Backblech und lauscht der Dinge, die da kommen werden.
Nacheinander darf ein anderes Kind fünf beliebige Gegenstände auf das Backblech fallen lassen und der Rater soll uns sagen, was da jeweils gerade gefallen ist.
Für jede richtige Antwort gibt es einen Punkt und wer am Ende die meisten Punkte ergattert hat, gewinnt das Spiel.

Rätsel-Olympiade

Das Rätselwort

Die Kinder bilden Gruppen zu je gleich vielen Mitgliedern. Der Spielleiter überlegt sich ein langes Rätselwort, z.B.: „OLYMPIASIEGER“ und zeichnet für jeden Buchstaben ein Kästchen an die Tafel. In unserem Fall also:

Nun darf sich abwechselnd jede Gruppe einen beliebigen Buchstaben wünschen. Gruppe A wünscht sich vielleicht zuerst den Anfangsbuchstaben und der Spielleiter trägt ihn in das passende Kästchen ein:

O												

So wird weitergespielt, bis eine Gruppe glaubt das Wort erraten zu haben. Nur wenn alle Mitglieder dieser Gruppe einverstanden sind, nennt der Gruppensprecher das Rätselwort laut. Haben die Kinder das richtige Wort gefunden, werden ihnen so viele Punkte gutgeschrieben, wie es jetzt noch leere Kästchen gibt.

O			M	P			S	J	E			R

Die Gruppe, die jetzt das richtige Wort nennt, erhält also sechs Punkte. Ist das genannte Wort aber falsch, so scheidet die Gruppe für diese Rätselrunde aus. Je nachdem, wie lange gespielt werden soll, wird vor dem Wettbewerb ausgemacht, dass die Gruppe gewinnt, die zuerst z.B. 20 Punkte ergattert hat.

Rätsel-Olympiade

Die Rätselpantomime

Alle Wettbewerbsteilnehmer werden in Gruppen zu je fünf bis zehn Mitgliedern eingeteilt. Den Anfang macht die Gruppe A. Sie wählt einen der ihren aus, der sich mit dem Rücken zur Tafel und mit dem Gesicht zu seinen Teamkollegen stellt. Der Spielleiter schreibt oder malt jetzt einen beliebigen Begriff, z.B.: „Ball“ an die Tafel. Die Mitglieder von Team A versuchen nun durch allerlei Gesten den Begriff „Ball“ ihrem Rätselkollegen zu vermitteln. Klar, dass dabei kein Wort gesprochen werden darf.
Ein Schiedsrichter stoppt die Zeit. Genau 20 Sekunden Zeit hat die Gruppe, um ihrem Kollegen den Begriff zu signalisieren. Hat das ratende Kind den richtigen Begriff bis dahin genannt, erhält seine Gruppe einen Punkt. Wenn nicht, geht die Gruppe in dieser Runde leer aus.
Das Spiel wird so lange weitergeführt, bis jede Gruppe fünfmal an der Reihe war.

Sollte jetzt die Siegermannschaft noch nicht eindeutig feststehen, gibt es ein Stechen der Mannschaften, die gleich viele Punkte vorweisen können.

Rätsel-Olympiade

Das Geschenk

Ein Spieler setzt sich vor die Zuschauer und tut so, als hätte er ein Paket auf dem Schoß, das er jetzt vor aller Augen öffnet. Aber was ist das? Erstaunt holt der Spieler einen seltsamen Gegenstand heraus: einen aufgeblasenen Luftballon oder vielleicht eine Schlange, einen lebendigen Elefanten oder ein Körbchen Erdbeeren? An den Gesten und der Mimik des Spielers sollen die Zuschauer erraten, was das Geschenk ist. Wer den richtigen Begriff nennt, erhält einen Trefferpunkt. Die Gruppe, die nach zehn Spielrunden die meisten Punkte hat, gewinnt den Wettbewerb.

Tipp:

Um zu verhindern, dass die Kinder einfach beliebige Begriffe rufen, wird vor dem Wettbewerb beschlossen, dass ein falscher Begriff die Disqualifikation des Teilnehmers für diese Spielrunde zur Folge hat.

Rätsel-Olympiade

Bilderrätsel

Die Kinder werden in drei gleich große Gruppen eingeteilt. Jede Gruppe schickt eine Partnergruppe ins Rennen.
Jeweils ein Spieler sitzt an einem Tisch und hat vor sich ein Blatt Papier liegen. Der Spielpartner steht hinter ihm und malt mit dem Finger ganz langsam ein Bild auf den Rücken des Sitzenden. Was da gemalt werden soll, z.B. ein Schiff, ein Baum, ein Elefant etc. wird den Malern von einem Spielleiter vorgegeben. Alle drei Maler sollen den gleichen Begriff zeichnen. Der sitzende Spielpartner überträgt sofort alle Linien, die er auf dem Rücken spürt, auf das Papier.
Sobald er meint erraten zu haben, was gerade gezeichnet wird, ruft er den jeweiligen Begriff. Ist es der Richtige, so ist die Spielrunde zu Ende und das Team des Raters erhält einen Punkt.
Nennt er aber einen falschen Begriff, scheidet seine Gruppe für diese Spielrunde aus und die übrigen beiden Teams rätseln weiter.

Die Buchstabenschlange

Zuerst schreibt jedes Kind alle Buchstaben des Alphabets auf einen Zettel. Nun überlegt sich jeder Wörter mit möglichst vielen verschiedenen Buchstaben, z.B. „Gurkensalat" und streicht alle Buchstaben dieses Wortes von der Schlange ab. So geht's weiter, bis das buchstabenlose Ende der Schlange gekommen ist.
Es gewinnt, wer die Buchstabenschlange mit den wenigsten (sinnvollen!!) Wörtern erledigen kann.

Zimmer-Olympiade

Buch-Balance

Ein zusammengeklapptes Buch wird auf den flachen Handteller gestellt und so lange es geht balanciert. Damit die Chancen für alle gleich sind, sollten die Bücher alle die gleiche Dicke haben und mit einem Gummiband zugehalten werden. Die Sekunden werden von den Zuschauern laut mitgezählt! Jeder Teilnehmer hat drei Versuche um seinen Rekord aufzustellen.

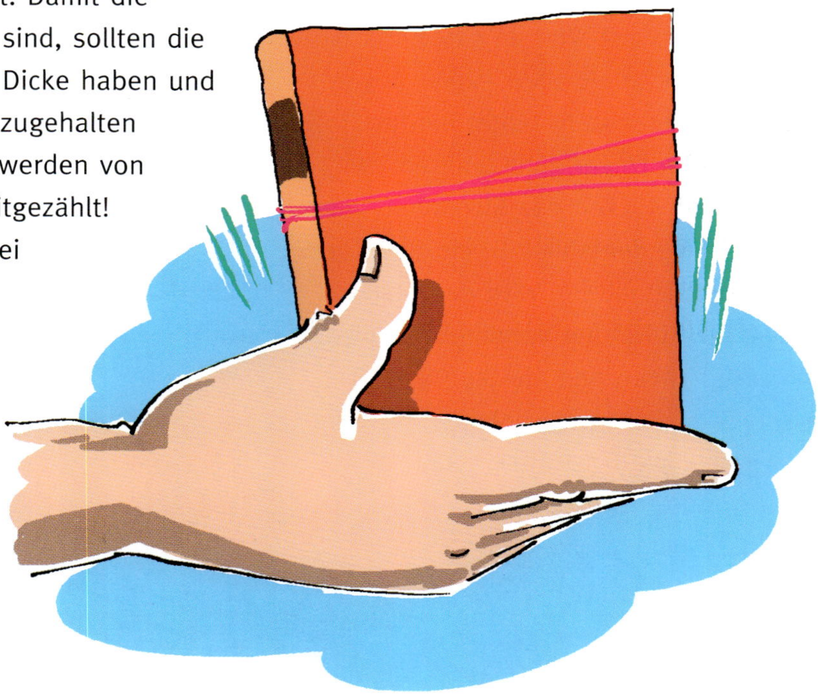

Speerwerfen

Alle Kinder bilden einen Kreis. In der Kreismitte steht der Papierkorb. Jeder Teilnehmer hat einen Versuch frei, von seinem Standplatz aus einen Streichholz in den Papierkorb zu werfen.
In der nächsten Spielrunde versucht jeder seinen Mini-Speer rückwärts in den Papierkorb zu werfen.

Zimmer-Olympiade

Tischtennis

Vier gleich große und hohe Tische werden so zusammengestellt, dass sie eine rechteckige Tischtennisplatte ergeben. Als „Netz" werden in der Mitte der Platte mehrere gleich große Bücher aufgestellt. Die Kinder spielen mit gewöhnlichen Tischtennisbällen und benutzen Hardcover-Bücher als Schläger. Solchermaßen ausgerüstet kann auf engstem Raum ein fetziges Tischtennisturnier stattfinden.

Ringeturnen

Jeder Sportler bildet mit seinen Armen einen Ring, der zu seinen Füßen zeigt. Die Hände sind fest ineinander gefaltet. Jetzt können alle Kinder ihre Sportlichkeit beweisen, indem jeder durch seinen Armring steigt, natürlich ohne dabei die Handfassung zu lösen. Geschafft? Dann das Ganze gleich wieder zurück, bis man wieder in der Ausgangsstellung angekommen ist. Die drei schnellsten Teilnehmer gewinnen den Wettbewerb.

Tipp:

Viel leichter geht es, wenn man den Kindern erlaubt in jeder Hand ein Ende eines Lineals oder Taschentuches festzuhalten.

Zimmer-Olympiade

Der Luftballonwettbewerb

Die Kinder spielen in Gruppen gegeneinander.
Jede Gruppe erhält einen andersfarbigen Luftballon, der aufgeblasen und verknotet wird. Dann reiben die Teamkollegen ihren Ballon fest an einem Wollpullover (Jacke, Schal, Decke, ...), damit er sich statisch auflädt.
Gleichzeitig stupsen dann die Spielergruppen ihre Ballons an die Klassenzimmerdecke, wo die aufgeblasenen Dünnhäuter kleben bleiben.

Nun können weitere Spiele durchgeführt werden, denn es dauert eine ganze Weile, bis sich die Ballons von der Zimmerdecke lösen und zu Boden schweben.
Die Gruppe aber, deren Ballon die längste Zeit an der Zimmerdecke verweilt, gewinnt den Wettbewerb.

Zimmer-Olympiade

Langer Atem

Alle Wettbewerbsteilnehmer holen gleichzeitig tief Luft und summen dann einen beliebigen Ton. Wem die Luft knapp wird, der scheidet aus. Derjenige, dessen Ton am längsten zu hören ist, wird Olympiasieger.

Tipp:

Weitere Wettkämpfe, die man ebenfalls gut im Haus durchführen kann, sind:

- *Der Knotenwettbewerb (S. 28)*
- *Rangeln im Ring (S. 29)*
- *Hochwurf (S. 31)*
- *Der Hinunter-Wurf (S. 32)*
- *Diskuswerfen (S. 36)*
- *Hochsprung (S. 42)*
- *Gewichtheben (S. 44)*
- *Basketball (S. 53)*
- *Tischtennis (S. 54)*
- *Zweikampf (S. 57)*

Literaturhinweise

- *Bartl, Almuth:*
  Auf die Plätze, fertig los! Minutenspiele für Kinder. Mit Stoppuhr. Moses Kinderbuchverlag, 1998. ISBN 3-929130-64-5
- *Bartl, Almuth:*
  Das Sommer-Spiele-Spaß-Buch. 150 tolle Ideen. Herder, 1998. ISBN 3-451-04603-2
- *Bartl, Almuth/Cüppers, Dorothea:*
  Das Wahnsinns Spielebuch. Für Träumer, Abenteurer und Piraten. Tessloff, 1998. ISBN 3-7886-0114-0
- *Bartl, Almuth:*
  Spiele gegen Wut und Aggression. Prögel Lern-Vergnügen Bd. 12. Prögel, Oldenbourg, 1998. ISBN 3-486-98700-3
- *Bartl, Almuth:*
  Viele klitzekleine Spielideen für den Unterricht. Band 2., Auer, 1999. ISBN 3-403-03249-3
- *Bellini, Andrea:*
  Die fünfhundert schönsten Kinderspiele. Die vielen Anregungen lassen sich ohne Aufwand überall durchführen. Südwest-Verlag, 1997. ISBN 3-517-01951-8
- *Geißler, Uli:*
  Wilde Spiele. Spiel, Spaß und Abenteuer für tobelustige und verwegene Gruppen. Ökotopia, 1996. ISBN 3-925169-80-6
- *Haupt, U./Schmaus, L./Winterstetter, S.:*
  Praxis des Sportunterrichts in der Grundschule. Prögel, Oldenbourg, 7. Aufl. 1996. ISBN 3-486-98539-6
- *Hell, Dieter:*
  Kreativer Sportunterricht im 1. und 2. Schuljahr. Prögel Praxis Unterrichtsmaterial, Bd. 52. Oldenbourg, 1999. ISBN 3-486-98752-6
- *Schneider, Monika und Ralph/ Wolters, Dorothee (Illustr.):*
  Bewegung und Entspannen nach Musik. Rhythmisierungen, Bewegung und Ausgleich in Kindergarten und Unterricht. Mit Kassette und Anleitungsbuch. Verlag an der Ruhr, 1994. ISBN 3-86072-150-X
- *Schneider, Monika und Ralph/ Wolters, Dorothee (Illustr.):*
  Bewegung und Entspannen im Jahreskreis. Rhythmisierungen, Bewegung und Ausgleich in Kindergarten und Unterricht. Mit Kassette und Anleitungsbuch. Verlag an der Ruhr, 1996. ISBN 3-86072-244-1
- *Schneider, Monika und Ralph/ Wolters, Dorothee (Illustr.):*
  Meditieren mit Kindern. Stilleübungen, Phantasiereisen, Musikmeditationen, Wahrnehmungsübungen. Mit Kassette, Dias und Anleitungsbuch. Verlag an der Ruhr, 1994. ISBN 3-86072-179-8

Fitness & Entspannung

❑ Indianer-Spiele

Spiele der Ureinwohner Amerikas für die Kids von heute

Ruben Philipp Wickenhäuser

„Der kleine Winnetou spielte mit den anderen Kindern vor dem Zelt seiner Eltern ..." Das hat Karl May nie geschrieben, meinen Sie? Stimmt! Aber ist doch eigentlich schade ... Deswegen hier die erste umfassende Sammlung von Spielen der indigenen nordamerikanischen Ureinwohner. Das Buch deckt mit über 120 vorgestellten Spielen alle Bereiche von Schleich-, Lauer- und Geschicklichkeitsspielen über Mannschaftsspiele bis hin zu Würfel-, Brett-, Denk- und Geduldspielen ab. Das Eigenschaftsverzeichnis aller Spiele, die übersichtlichen, stichpunktartig aufgeführten Charakteristika zu Beginn jeder Spielbeschreibung und Logos zu den einzelnen Kapiteln ermöglichen eine schnelle Orientierung und Auswahl der Spiele zu jeder Gelegenheit. Eine Einleitung über das Indianerklischee, ein Exkurs zu Mutproben, Fachbibliographie, Fußnoten und ein Index runden den Inhalt ab. Anregung und Spieleideenfundus für Eltern, Jugendgruppenleiterinnen und -leiter, Pädagogen, Lehrerinnen und Lehrer.

240 S., 16 x 23 cm, Pb.
Best.-Nr. 2293
36,- DM/sFr/263,- öS

❑ New Games – Die neuen Spiele

Band 1

Andrew Fluegelman, Shoshana Tembeck

60 neue Spiele für jedes Alter gegen den Schul-Frust, gegen Aggression und Gewalt und für ein konstruktives Ausleben der eigenen Energien, für ein spielerisches Kräftemessen und ein lustvolles Miteinander-Umgehen.
Spiele für Gruppen und Familien und für den ganzen Tag, Rezepte für ein Spielfest und dafür, wie man Spiele spielend leitet.

192 S., 20,7 x 22,6 cm, Pb., 250 Fotos
Best.-Nr. 2000
35,- DM/sFr/256,- öS

❑ New Games – Die neuen Spiele

Band 2

Andrew Fluegelman

Mehr als 60 Spiele mit Gewinnern, aber ohne Sieger werden in diesem Band mit lustigen Beschreibungen und vielen Fotos vorgestellt. Außerdem finden Sie viele Tipps und Hinweise, wie man andere fürs Spielen begeistern kann, welche Ideen hinter den neuen Spielen stecken und wie man selbst ganz neue Spiele erfindet.

192 S., 20,7 x 22,6 cm, Pb., 230 Fotos
Best.-Nr. 2001
35,- DM/sFr/256,- öS

❑ Fitness-Training ohne Trott

700 abwechslungsreiche Übungen

Peter Naunheim

700 Übungen für ein abwechslungsreiches Erwärmungs- und Konditionstraining: Hier finden Sie bewährte Klassiker ebenso wie wenig bekannte oder auch ganz neue Übungsformen. Informationen zu Sportgeräten und Trainingsabläufen sowie spezielle Trainingsprogramme runden die Sammlung ab.
Ein praktisches Nachschlagewerk für Profis und ein guter Einstieg für sportliche Amateure.

256 S., A4, Pb.
ISBN 3-86072-229-8
Best.-Nr. 2229
42,- DM/sFr/307,- öS

❑ Kinder entspannen mit Yoga

Kleine Übungen für Grundschule und Kindergarten

Petra Proßowsky

Abschalten, die eigenen Kräfte bündeln: Die Übungen erschließen den Kindern spielerisch die Körperstellungen des Yoga. Über Sprechverse, Traumreisen und Geschichten erfahren sie verborgene Kräfte. Abgerundet wird die Sammlung durch Übungen zu Atmung und Körperwahrnehmung, durch meditative Spiele und einen Rückenspaziergang. Mit Übungen für gestresste LehrerInnen und ErzieherInnen.

Kiga/GS, 128 S., 21 x 22 cm, Pb.
Best.-Nr. 2290
29,80 DM/sFr/218,- öS

❑ Streetball

und 120 andere coole Spielideen

Friedhelm Heitmann

Hip, spontan, verspielt und bunt, ohne den Wettkampfgedanken vollständig aufzugeben: Hier werden nicht nur die Regeln der neuesten Trend-Sportarten (z.B. Ultimate) aufgeführt, nicht nur alte Bekannte (z.B. Fußball) mit ganz neuen Einfällen wieder zum Leben erweckt, sondern auch alte Unbekannte (u.a. Tchouk) vorgestellt.
Im Anhang finden SpielleiterInnen und SportlehrerInnen zusätzlich komplette Turnierplaner.

120 S., 16 x 23 cm, Pb.
Best.-Nr. 2178
19,80 DM/sFr/145,- öS

❑ Spielen mit dem Ball

Ein Übungsbuch für Kindergarten und Grundschule

Peter Frey, Thomas Klotz

Die Kindheit hat sich verändert. Die meisten Kinder wissen nicht mehr, wie es ist, einfach aus dem Haus zu gehen, draußen andere Kinder zu treffen und drauflos zu spielen – ohne Verabredung und Termindruck. Entsprechend verkümmert ist oft die Spielfähigkeit. Um sie zu entwickeln sind Ballspiele besonders gut geeignet, weil sie vielseitige Fertigkeiten fördern. Die hier beschriebenen und anschaulich illustrierten Spielformen und -übungen sind genau darauf ausgerichtet. Sie vermitteln und verbessern sowohl Techniken wie Fangen, Prellen, Dribbeln und Werfen als auch taktische und koordinative Fähigkeiten und trainieren die Kondition. Besonderer Wert wird auf die Erziehung zu Selbstständigkeit und Fairness gelegt. Zusätzlich finden Sie Planungs- und Materialvorschläge für Spiel- und Sportfeste sowie einen Turnierplaner.

Kiga/GS, 128 S., 16 x 23 cm, Pb.
Best.-Nr. 2310
24,80 DM/sFr/181,- öS

❑ Das kleine Buch der neuen Spiele

Dale LeFevre

Wie Energie von mir ausgeht, so kommt sie zurück. Mit dieser Grundhaltung bereist Dale LeFevre die ganze Welt und bringt mit seinen „Neuen Spielen" Katholiken und Protestanten in Irland, Palästinenser und Juden in Israel, Schwarze und Weiße, Alte und Junge in aller Welt zusammen. Über 30 Spiele ohne Sieger mit vielen Tipps und Hinweisen für SpielleiterInnen.

132 S., A5, Pb., viele Fotos
Best.-Nr. 2004
16,80 DM/sFr/123,- öS

Dies ist nur ein kleiner Auszug aus unserem aktuellen Programm. Gerne senden wir Ihnen den kostenlosen Gesamtkatalog.

Verlag an der Ruhr

Postfach 10 22 51, D–45422 Mülheim an der Ruhr
Alexanderstr. 54, D–45472 Mülheim an der Ruhr
Tel.: 0208/49 50 40, Fax: 0208/495 0 495
Internet: www.verlagruhr.de

Sie können direkt beim Verlag an der Ruhr bestellen oder über den örtlichen Buchhandel.

❑ **Bitte senden Sie mir Ihren Katalog**
❑ **Hiermit bestelle ich die angekreuzten Titel**

Name

Anschrift

PLZ Ort

Datum Unterschrift

Fun-Olympics 8/99

❑ Mit Kindern die Natur erleben

Joseph Cornell

Der Klassiker der Naturerlebnispädagogik erscheint zu seinem 20. Geburtstag in einer völlig überarbeiteten und erweiterten Neuauflage mit neuer Gestaltung. Wer Kindern die Natur nahe bringen möchte, für den ist dieser Titel ein „Muss". Rund um den Erdball hat Cornell alten wie jungen Menschen „seine" Naturerlebnispädagogik in Kursen präsentiert und immer wieder verbessert. Diesen Schatz an Erfahrung gibt er in seinen Büchern weiter. Mit einer Vielzahl von Spielen und Aktivitäten weckt Cornell das Interesse an den mal großen, mal kleinen Geheimnissen der Natur. Ob allein oder in der Gruppe, bei Tag oder Nacht – Begegnung mit der Natur ist hier keine leere Worthülse, sondern eine sehr persönliche, von Respekt, Liebe und Intuition geprägte Erfahrung. Selbst komplizierte ökologische Zusammenhänge werden so leicht und verständlich gemacht.
Dieses Buch bietet Anregungen und Anleitungen für jeden, der Kindern die Natur mit allen Sinnen be„greif"bar machen möchte und nicht nur dozieren will.

3-99 J., 178 S., 14 x 21,6cm, Pb., viele Fotos
Best.-Nr. 0997
19,80 DM/sFr/145,- öS

❑ Mit Kindern die Natur erspielen

Ein Buch für Eltern, Kindergarten und Schule

Jacqueline Horsfall

Wenn Kinder über ihre Beobachtungen in der Natur sprechen, dann sind Sätze wie „Das ist falsch" fehl am Platze ebenso die Angst der Erwachsenen etwas nicht zu wissen. Davon jedenfalls ist Jacqueline Horsfall, die Autorin des Buches, überzeugt. Denn Kinder haben ihre eigene Phantasie, mit der sie die Welt betrachten.
Die Autorin hat eine Fülle von Spielen entwickelt, die wenig Material und Vorbereitungszeit brauchen und die von Eltern wie von Pädagogen einzusetzen sind. Jedes Kapitel wird mit einem Lied oder Gedicht eingeleitet und mit einer Meditation beendet. Da entdecken Kinder die Einzigartigkeit von Blattformen, lernen, dass Schmetterlinge wahre Kunstflieger sind oder erforschen an einem „Umgekehrttag", wie es ist, wenn man die Augen auf dem Rücken hat.
Immer im Mittelpunkt bei allen Aktivitäten steht die Freude an Entdeckungen. Man merkt dem Buch an, daß es aus langer Erfahrung mit Naturlehrgängen entstanden ist. Deshalb überzeugt es in jeder Hinsicht: Es weckt schon beim Lesen die Lust am Ausprobieren, die Spiele sind abwechslungsreich und gut ausgewählt, das Register gibt eine rasche Orientierung. Nichtspezialisten bekommen viel Ermutigung sich mit ihren Kindern ins Abenteuer zu stürzen. Aber auch wer selbst schon viel mit Kindern gearbeitet hat, findet hier eine Fülle von Anregungen.

Ab 5 J., 181 S., 14 x 21,6 cm, Pb.
Best.-Nr. 2413
24,80 DM/sFr/181,- öS

A
B